Cordula Hoffmann

Pocket-Ratgeber Schule **3**

Kooperatives Lernen |
Kooperativer Unterricht

Verlag an der Ruhr

Impressum

Titel
Pocket-Ratgeber Schule
Kooperatives Lernen – Kooperativer Unterricht

Autorin
Cordula Hoffmann

Titelbildmotiv
Lizzie Roberts | lizzieroberts.com

Verlag an der Ruhr
Mülheim an der Ruhr
www.verlagruhr.de

Geeignet für alle Schulstufen

Unser Beitrag zum Umweltschutz
Wir sind seit 2008 ein ÖKOPROFIT®-Betrieb und setzen uns damit aktiv für den Umweltschutz ein. Das ÖKOPROFIT®-Projekt unterstützt Betriebe dabei, die Umwelt durch nachhaltiges Wirtschaften zu entlasten.
Unsere Produkte sind grundsätzlich auf chlorfrei gebleichtes und nach Umweltschutzstandards zertifiziertes Papier gedruckt.

Ihr Beitrag zum Schutz des Urhebers
Das Werk und seine Teile sind urheberrechtlich geschützt. Jede Verwendung in anderen als den gesetzlich zugelassenen Fällen bedarf der vorherigen schriftlichen Einwilligung des Verlages. Der Verlag untersagt ausdrücklich das digitale Speichern und Zurverfügungstellen dieses Buches oder einzelner Teile davon im Intranet (das gilt auch für Intranets von Schulen und Kindertagesstätten), per E-Mail, Internet oder sonstigen elektronischen Medien. Kein Verleih. Zuwiderhandlungen werden zivil- und strafrechtlich verfolgt.

© **Verlag an der Ruhr 2010**
ISBN 978-3-8346-0692-1

Printed in Germany

Inhaltsverzeichnis

Vorwort 4

1 Grundlagen kooperativen Lernens 7
Was ist kooperatives Lernen? 8
Vorzüge kooperativen Lernens
im Unterricht 11
Häufig gestellte Fragen und Bedenken
gegenüber Gruppenarbeit 16

2 Typischer Ablauf des kooperativen Lernens und organisatorische Empfehlungen 21

3 Kooperative Methoden im Überblick 33

4 Umsetzung von kooperativen Lernmethoden 37
1-2-Alle 38
1-2-4-Alle 40
Reporter unterwegs 42
3-Phasen-Interview 44
Runder Tisch – reihum 46
Runder Tisch mit Redestift 48
Runder Tisch mit Schreibstift 50
Partner-Check 54
Aufgaben verschicken 59
1-2-3-4-WIR-Methode 62
Doppelkreis/Kugellager 68
Tischset (Placemat) 72
Gruppen-Puzzle („Jigsaw") 75

Literaturtipps 79

Vorwort

Unterricht mit kooperativen Unterrichtsmethoden macht Lehrern und Schülern viel Spaß.
Er führt außerdem durch seine klar vorgegebenen Gruppenarbeitsstrukturen zu sozialem Lernen und zu besseren Ergebnissen bei der Aneignung von Fachwissen und Fachkompetenzen – dies ist wissenschaftlich erwiesen!

Dieser Praxis-Ratgeber soll Ihnen einerseits einen schnellen Überblick zum Thema geben, und andererseits im Alltag eine Hilfe sein, wenn Sie bestimmte kooperative Unterrichtsmethoden nachschlagen möchten.
Weiterführende Literatur finden Sie im Literaturverzeichnis am Ende dieses Büchleins.

Viele der vorgestellten Methoden sind sofort umsetzbar und bedürfen kaum zusätzlicher Vorbereitung Ihrerseits. Dieser Ratgeber soll der Verbreitung dieser Methoden in unserem Schulsystem weiter Vorschub leisten, sodass neben einer Individualisierung des Unterrichts in offenen Unterrichtsformen auch das Miteinander gefördert wird.

Dazu viel Erfolg wünscht Ihnen

Cordula Hoffmann

Die Autorin …

… zeichnet sich als Praktikerin aus:
Sie ist Lehrerin, unterrichtete mehrere Jahre in den USA, seit vielen Jahren in Deutschland, und war einige Jahre im Rahmen der deutschen Entwicklungshilfe als Gutachterin für den Grundbildungsbereich in Westafrika unterwegs.

Dieser Blick weit über den eigenen Tellerrand hinaus gab ihr wichtige Anregungen für die Verbesserung von Unterrichtsqualität in unserer deutschen Schullandschaft! Aus Amerika nahm sie u. a. die Idee des kooperativen Lernens in unsere deutschen Schulen auf, erprobte viele Methoden, passte sie an deutsche Gegebenheiten an, veränderte und ergänzte sie.
Besonders beeinflusst wurde sie von der Arbeit Spencer Kagans, der in den 1980er-Jahren mit Schülern, Studenten und Lehrern kooperative Unterrichtskonzepte entwickelte.
Sie basieren u. a. auf Forschungsergebnissen von Johnson&Johnson, die bereits in der 1970er-Jahren mit ihren Forschungen Grundlagen zum kooperativen Arbeiten legten und die Effizienz dieser Methoden nachweisen konnten.
Als Lehrerfortbildnerin, und nicht zuletzt mit ihren Büchern, möchte die Autorin zur Verbreitung kooperativer Unterrichtsmethoden beitragen und Lehrer bei der Umsetzung unterstützen.

Pocket-Ratgeber Schule 6

1 Grundlagen kooperativen Lernens

- ☑ Was ist kooperatives Lernen?
- ☑ Welche Vorzüge hat kooperatives Lernen im Unterricht?
- ☑ Eignet sich kooperatives Lernen überhaupt für meine Lerngruppe?

Was ist kooperatives Lernen? (… und was ist es nicht?)

Unter kooperativem Lernen versteht man das Arbeiten mit einem Partner oder in einer Gruppe unter **bestimmten Rahmenvorgaben**.

Das Umstellen der Tische zu Gruppentischen und die Aufforderung, zusammen zu arbeiten, führen in der Regel nicht automatisch zu Kooperation unter den Lernenden. Stattdessen erzeugt man so nicht selten Disziplinprobleme: Die Schüler unterhalten sich über alles Mögliche, aber nicht über das gewünschte Thema.

Kooperationsfähigkeit muss erst gelernt werden, dazu hilft kooperatives Lernen.

Die wichtigsten Merkmale kooperativen Lernens sind:

1 | **Strukturierung der Gruppenarbeit** – Klare Vorgaben, wie die Schüler zusammen arbeiten und wer für welche Aufgabe zuständig ist.

2 | **Gruppenzusammensetzung** – Die Schüler werden nach einem Zufallsprinzip in Gruppen aufgeteilt oder vom Lehrer nach verschiedenen Kriterien sorgfältig ausgewählt.

3 | Positive Abhängigkeit – Die Gruppenmitglieder arbeiten an einer gemeinsamen Aufgabe mit einem gemeinsamen Ziel und können nur gemeinsam Erfolg haben.

4 | Direkte Interaktion – Die Gruppenmitglieder arbeiten räumlich eng zusammen, teilen die knappen Ressourcen, die ihnen zur Verfügung stehen, und helfen sich gegenseitig.

5 | Individuelle Verantwortlichkeit – Jeder Schüler ist für seinen individuellen Beitrag innerhalb der Gruppenarbeit verantwortlich, und für das gesamte Gruppenergebnis.
Das bedeutet, dass jedes Gruppenmitglied auch für eine klar zuordenbare Aufgabe verantwortlich ist und es auch eine Rückmeldung über seine Leistung und die der Gesamtgruppe erhält.

6 | Soziale Fertigkeiten – Die Gruppenmitglieder lernen, sich gegenseitig zu respektieren und sich bei der Arbeit mit den anderen Gruppenmitgliedern zu arrangieren, indem sie gemeinsam Entscheidungen treffen müssen. Hierbei müssen sie lernen, wie man günstig kommuniziert, mit Konflikten und Frustrationen umgeht, Vertrauen aufbaut.

7 | Reflexion der Gruppenarbeit – Die Schüler erhalten ein Feedback über ihren eigenen Beitrag und das inhaltliche Ergebnis der Gruppe, über ihr Verhalten und das der gesamten Gruppe. Sie schulen dabei ihre eigene Reflexionsfähigkeit und reflektieren über die angewandten Methoden.

Nicht alle der aufgeführten Merkmale sind bei jeder Form kooperativen Lernens immer gleich stark ausgeprägt. Geübte Gruppen brauchen z.B. weniger Strukturierung als ungeübte.

■ **Unter kooperativem Lernen versteht man eine strukturierte Partner- oder Gruppenarbeit mit den wichtigen Grundelementen der positiven Abhängigkeit, einer individuellen Verantwortlichkeit, sozialen Lernprozessen und einer Reflexion.**

Vorzüge kooperativen Lernens im Unterricht

Was soll Unterricht überhaupt leisten?

Zunächst sollten wir einen Blick auf die allgemeinen Bildungsziele unserer Schulen werfen. Mangels einer Festlegung auf allgemeine einheitliche Bildungsziele im föderalen Deutschland sei hier der ehemalige Bundespräsident Johannes Rau zitiert, der die wichtigsten Ziele nennt, die auf allgemeinem gesellschaftlichen Konsens basieren:

„Ziel der Bildung ist nicht zuerst die Befähigung zum Geldverdienen. Bildung schielt und zielt nicht auf Reichtum. Aber sie ist ein guter Schutz vor Armut. Vielleicht sogar der wirksamste. Bildung ist auch etwas anderes als Wissen. Wissen lässt sich büffeln, aber Begreifen braucht Zeit und Erfahrung. […] Denken und Verstehen – das hat zu tun mit dem ganzen Menschen, mit Leib und Seele, mit Herz und Verstand. […]

Die drei bleibenden Ziele von Bildung sind:
- Die Entwicklung der Persönlichkeit
- Die Teilhabe an der Gesellschaft
- Die Vorbereitung auf den Beruf

Sie stehen nicht unverbunden nebeneinander. Im Gegenteil: Die Herausforderungen des technischen und sozialen Wandels führen dazu, dass sich diese drei Hauptziele immer stärker gegenseitig bedingen und wechselseitig ergänzen.

Wir wissen, dass auch für den Erfolg im Beruf die Persönlichkeit und die Gemeinschaftsfähigkeit eine weit größere Rolle spielen, als wir das lange Zeit glauben wollten.

Wir brauchen Menschen, die nicht nur darauf aus sind, die eigene Persönlichkeit zu entfalten und zu verwirklichen, sondern die bereit und in der Lage sind, Verantwortung für andere zu übernehmen."

(Johannes Rau, Rede auf dem „Ersten Kongress des Forums Bildung", Berlin, 14.07.2000)

Auch Raus Nachfolger, der ehemalige Bundespräsident Horst Köhler, spricht von diesen drei wichtigen Bereichen von Bildung in seiner Berliner Rede „Bildung für alle" (2006).

Die aktuellen Bildungspläne benennen übereinstimmend in diesem gesamtgesellschaftlichen Konsens neben den zu vermittelnden Kenntnissen spezielle Kompetenzen, die die Schüler erwerben sollen: personale Kompetenz, Sozial-, Methoden- und Fachkompetenz. Auch die Erwartungen der Wirtschaft an die Schulabgänger beinhalten neben den fachlichen, die persönlichen und sozialen Kompetenzen.

Nach dem PISA-Schock konnten Probleme unseres Bildungssystems nicht länger verleugnet werden: Neben den insgesamt recht schwachen Ergebnissen bei der Vermittlung formaler Kompetenzen (v.a. die drei Fähigkeiten „reading literacy", „mathematical literacy" und „scientific literacy") wurde dem deutschen Schulsystem bescheinigt, dass eine starke Koppelung von sozialer Lage der Herkunftsfamilie und dem Kompetenzerwerb der nachwachsenden Generation fortbesteht.

Für Kinder mit Migrationshintergrund und solchen aus bildungsfernen Schichten wurden eklatante Versäumnisse attestiert.

Bei einem Unterricht, der auf Gleichschritt in überwiegend frontal erteilten Unterrichtsformen abzielt, bleiben diese Kinder offensichtlich besonders auf der Strecke.

Lernstands-Diagnosen, individuelle Förderpläne und die Umsetzung dieser Förderung in offenen Unterrichtsformen sind berechtigte Forderungen und eine Antwort auf die Bildungsmisere.

Und wo bleibt die Vermittlung von personalen und sozialen Kompetenzen? Eine Überprüfung dieser wichtigen Bildungsziele war nicht Bestandteil des internationalen Tests (und ist es auch selten bei anderen Leistungsüberprüfungen).

Deshalb dürfen wir sie aber nicht aus unserem Zielhorizont ausblenden. Als Gesellschaft können wir fehlende Integration, Vereinzelung und mangelnde Fähigkeit oder Bereitschaft zur Übernahme von Verantwortung nicht hinnehmen.

Explizit nennen die aktuellen Bildungspläne das **Bildungsziel: Kooperationsfähigkeit als Voraussetzung für gesellschaftliche Mitgestaltung.** Kooperatives Arbeiten wird als integrativer Bestandteil des Unterrichts benannt.

Wir müssen Unterrichtsformen finden, die alle Bildungsziele im Auge haben.

Was kann kooperatives Lernen im Unterricht leisten?

Seit den 1980er-Jahren gibt es vielfältige wissenschaftliche Forschungsergebnisse aus Amerika, die nachweisen, dass kooperatives Lernen klar überlegen ist gegenüber traditionellen frontalen Unterrichtsformen, die meist mit individuellem und konkurrierendem Lernen der Schüler verbunden sind.

- **Mit kooperativem Lernen werden deutlich bessere Ergebnisse erzielt bei der Aneignung von Fachwissen und**

–kompetenzen, bei der Integration von Schülern in multikulturellen Lerngruppen und beim Erwerb von Sozialkompetenz.
(vgl. dazu z.B. Johnson et al., 1981; Sharan, S., 1980; Slavin, 1983).

Hervorzuheben ist, dass die Sozialkompetenz nicht über ein spezielles Sozialtraining, sondern durch die Art des Lernens im ganz normalen Fachunterricht erreicht wird, also keine zusätzliche Zeit in Anspruch nimmt.

■ **Das Sozialtraining ist täglicher Bestandteil des Unterrichts.**

Kooperatives Lernen muss, genauso wie Lernstands-Diagnosen, individuelle Förderpläne und die Umsetzung davon in offenen Unterrichtsformen, ein selbstverständlicher Bestandteil von Unterricht werden!

Häufig gestellte Fragen und Bedenken gegenüber Gruppenarbeit

■ **Warum findet Gruppenarbeit so selten im Unterricht statt, wenn sie doch so erfolgreich ist?**

Traditionelle Gruppenarbeit scheitert häufig, da Schüler nicht über ein notwendiges Maß an Teamfähigkeit verfügen. Dann kommt es nicht selten zu Disziplinproblemen und keinen befriedigenden Ergebnissen.

Kooperative Unterrichtsmethoden fördern hingegen Teamfähigkeit und setzen sie nicht voraus.

Schüler erwerben diese Qualifikation mit den hier vorgestellten Methoden im Laufe der Arbeit.

■ **Bedeutet kooperatives Arbeiten nicht, „Trittbrettfahrern" Vorschub zu leisten?**

Durch die klare Strukturierung und Aufgabenzuweisung für jeden Schüler einer Gruppe sind alle aktiv am Lernprozess beteiligt. Die Gruppe kann ihr Ziel nur erreichen, wenn jeder seine Aufgabe erledigt.
Damit gibt es kaum Raum für „Trittbrettfahrer", sich wie bei freier Gruppenarbeit zu verstecken.

■ Warum ist kooperatives Lernen sinnvoll in einer Welt, die von Konkurrenz geprägt ist und in der es sich zu behaupten gilt?

Zunächst sei hier festgestellt, dass in unserer Gesellschaft – auch in Wirtschaft und Beruf – nicht ausschließlich Durchsetzungsvermögen, sondern immer mehr Teamfähigkeit und damit Kooperationsvermögen verlangt werden.

Außerdem möchte dieses Buch keineswegs einen Unterricht ausschließlich mit kooperativen Lernmethoden propagieren. Vielmehr gilt es, eine gesunde Mischung von Unterrichtsmethoden zu verwenden, mit denen gerne und erfolgreich gelernt wird und die auf die verschiedenen Anforderungen im Leben vorbereiten.

■ Steht kooperatives Lernen nicht im Widerspruch zu den aktuellen bildungspolitischen Forderungen nach Individualisierung und Differenzierung?

Förderung entsprechend individueller Bedürfnisse und damit Differenzierung, z.B. in offenen Unterrichtssituationen, sollte zum Pflichtprogramm in allen Schulen werden.
Kooperatives Lernen gehört aber ebenso dazu: Dabei können sich die Schüler entsprechend ihrem Niveau einbringen. Forderungen der modernen Hirnforschung zu nachhaltigem Lernen werden in besonderem Maße erfüllt:

Die Lernenden sind intensiv und aktiv im Lernprozess involviert, sie sprechen über die Inhalte und erarbeiten selbstständig Lösungen.

Gerade das Miteinander in der Gruppe führt zu der nachgewiesenen Effizienz und Effektivität, die genauso für die Vermittlung von Fachwissen gilt wie von sozialen Kompetenzen, z.B. Kontakt- und Konfliktlösungsfähigkeit sowie Einfühlungsvermögen.

■ Schaffe ich mit kooperativem Lernen nicht Disziplinprobleme und Chaos in meiner Klasse?

Im lehrerzentrierten Frontalunterricht verwenden Lehrer oft sehr viel Energie, Schüler ruhig zu halten und ihre Aufmerksamkeit auf sich und das Schulbuch zu konzentrieren.
Oft wird dieser Kraftaufwand als sehr belastend empfunden. Statt das Kontaktbedürfnis der Schüler zu unterdrücken, wird es beim kooperativen Lernen genutzt:
Die Schüler dürfen, nein, sie müssen sich mit ihren Klassenkameraden austauschen.

Statt die Kraft für die Ruhigstellung der Schüler aufzuwenden, muss sich der Unterrichtende für das Gelingen von kooperativem Unterricht für Folgendes einsetzen:
- eine genaue Planung,
- klare Arbeitsanweisungen,

- Absprachen über Verhaltens- und Zielerwartungen,
- genaues Beobachten und Reflektieren.

Dieser Energieeinsatz wird durch die angenehme, engagierte und intensive Lernatmosphäre belohnt. Beim Arbeiten in den Gruppen brauchen die Schüler ihre Energien nicht zu unterdrücken, sondern können sie im Lernprozess einbringen. Die Schüler fühlen sich wohl und arbeiten nicht gegen die Schule.

Werden beim kooperativen Lernen leistungsstärkere Schüler in ihrem Lernzuwachs nicht benachteiligt, während schwächere Schüler von ihnen profitieren?

Zunächst sei festgestellt, dass das Selbstbewusstsein aller Schüler gestärkt wird, indem sie ihre Selbstwirksamkeit in der Kleingruppe erleben. Auch ist das Lernen für alle nachhaltiger in einer Atmosphäre emotionaler Sicherheit, wie sie Kleingruppen vermitteln können.

Leistungsstärkere Schüler profitieren außerdem: Sie erleben einen deutlichen Zuwachs kognitiver, fachlicher und didaktischer Kompetenzen durch das Weitervermitteln der Inhalte an andere Schüler.

Dies ist lernpsychologisch nachgewiesen.

Jeder Lehrer kann diese Erkenntnis bestätigen: Durch das Unterrichten eines Stoffes wird das eigene Wissen vertieft. Man erhält oft neue, tiefere Einsichten ins Thema. Schülerfragen können ganz neue Perspektiven zum Thema eröffnen.

Daneben können die Leistungsstärkeren ihre Führungskompetenzen in der Gruppe erproben und ausbauen.

KAPITEL 1 | AUF EINEN BLICK

- Unter kooperativem Lernen versteht man eine strukturierte Partner- oder Gruppenarbeit mit den wichtigen Grundelementen der positiven Abhängigkeit, einer individuellen Verantwortlichkeit, sozialen Lernprozessen und einer Reflexion.

- Mit kooperativem Lernen werden deutlich bessere Ergebnisse erzielt bei der Aneignung von Fachwissen und -kompetenzen.

- Kooperatives Lernen eignet sich besonders für heterogene und multikulturelle Lerngruppen.

- Bedenken gegenüber kooperativem Lernen gehen häufig auf schlechte Erfahrungen mit traditioneller, unstrukturierter Gruppenarbeit zurück.

- Durch kooperatives Lernen erwerben Schüler Teamfähigkeit, sie wird nicht schon vorausgesetzt.

- Auch leistungsstärkere Schüler profitieren beim kooperativen Lernen stärker als im traditionell lehrerzentrierten Unterricht.

2. Typischer Ablauf des kooperativen Lernens und organisatorische Empfehlungen

☑ Wie läuft kooperatives Lernen grundsätzlich ab?

☑ Worauf muss ich achten, wenn kooperatives Lernen gelingen soll?

Wie läuft kooperatives Lernen grundsätzlich ab?

Im Allgemeinen verläuft kooperatives Lernen nach folgendem Schema:
- Selber denken,
- Austauschen mit einem Partner und/oder in der Kleingruppe,
- Präsentieren der Ergebnisse im Plenum,
- Reflexion.

1 | Zu Beginn der Gruppenarbeit steht beim kooperativen Lernen fast immer eine Einzelarbeit, bei der jeder Schüler sich alleine zu einem Thema oder zu einer Frage Gedanken macht.

2 | Danach bringt jeder Schüler seine Überlegungen in die Gruppe ein. Hier profitiert die Arbeit in der Gruppe von der Heterogenität der Mitglieder durch die Vielzahl verschiedener Denk- und Sichtweisen.

3 | Die Ergebnisse der Gruppenarbeit werden dann im Plenum vorgestellt und reflektiert.

4 | Den Abschluss bildet jeweils eine Reflexion über die angewandten Methoden, das Verhalten und das Vorgehen der Gruppenmitglieder und über die Zusammenarbeit in der Gruppe.

Worauf ist zu achten, wenn kooperatives Lernen gelingen soll?

Disziplin und Classroom-Management:

Voraussetzung für guten Unterricht und damit auch für das Gelingen von kooperativen Arbeitsformen ist ein gutes „Classroom-Management", und damit

- **Regeln für eine grundsätzliche Disziplin in der Klasse:**

Die Schüler müssen wissen, wann sie Ihnen unbedingt zuhören müssen. Hierzu sollten Sie ein Ruhezeichen vereinbaren. So ein Ruhezeichen kann ein schlichtes Handheben sein, auf das die Schüler mit dem Heben der eigenen Hand reagieren, oder ein akustisches Signal.

Klare Konsequenzen bei Nichtbeachtung von Regeln sollten selbstverständlich sein. Weitere nonverbale Signale können vereinbart werden.

Wenn z.B. die Schüler einer Gruppe ihren Auftrag erledigt haben, verschränken alle die Arme und dürfen sich nun leise privat unterhalten.

Wenn Schüler nach Ablauf der vereinbarten Zeit noch zusätzliche Zeit brauchen, können sie alle die Hand heben und mit den Fingern signalisieren, wie viele Minuten sie noch wünschen. Dann können Sie entscheiden, ob Sie noch etwas Zeit dazu geben oder nicht.

■ **Nonverbale Signale erleichtern den Ablauf des Unterrichts und haben sich als störungspräventiv erwiesen.**

Positive Verstärkersysteme erweisen sich ebenfalls als äußerst wirkungsvoll:
das gewünschte Verhalten verstärken, statt den Blick auf das Fehlverhalten zu richten.

Beim kooperativen Arbeiten kann dies z. B. das schlichte, aber deutliche Lob an eine Gruppe sein, in der alle Schüler sofort an die Arbeit gingen oder eine vereinbarte Regel besonders gut umsetzten etc.

Sie können einzelnen Gruppen oder der ganzen Klasse Punkte für gutes, erwünschtes Verhalten geben, dass die Kinder später für etwas Angenehmes eintauschen dürfen (keine Hausaufgaben, Spielzeit …).

Gruppeneinteilung

Kooperatives Lernen verlangt als eine besondere Form der Gruppenarbeit eine sorgfältige Gruppeneinteilung. Nur selten ist es sinnvoll, wenn man die Schüler ihre Gruppen wählen lässt.

■ **Sehr gute Erfahrungen wurden mit festen, heterogenen Kleingruppen gemacht, die mit Bedacht ausgewählt werden und von einem Ferienabschnitt bis zum nächsten bestehen bleiben.**

Dazwischen sollten immer wieder zumindest kurze Gruppenarbeitsphasen mit nach dem Zufallsprinzip gebildeten Gruppen oder auch nach freier Wahl der Schüler eingestreut werden.

■ **Bei der Bildung der Gruppen sollten folgende Kriterien Berücksichtigung finden:**

→ Leistungsvermögen Am besten pro Gruppe je einen leistungsstärkeren, einen leistungsschwächeren Schüler und zwei Schüler aus dem Mittelfeld.

→ Herkunft Schüler mit Migrationshintergrund gleichmäßig auf alle Gruppen verteilen, damit sie sprachliche Hilfen und Vorbilder in den Kleingruppen erhalten und damit die Schüler mit unterschiedlichem kulturellen Hintergrund einander besser kennenlernen können.

→ Geschlecht Mädchen und Jungen in jeder Gruppe

→ Charakter lebhaftere und ruhigere Schüler in jeder Gruppe

> Auch Schülerwünsche können bei der Wahl der Gruppenzusammensetzung berücksichtigt werden.

Als Gruppengröße für die hier beschriebenen Methoden sind überwiegend Vierergruppen vorgesehen. Damit keine Schüler übrig bleiben, sollte man gegebenenfalls auf einige Dreiergruppen ausweichen.

Vorteilhaft ist, wenn die Gruppen einen Namen erhalten und jeder Schüler pro Gruppe eine Nummer zwischen 1 und 4.

Sitzordnung

Auch die Sitzordnung sollte gut überlegt sein. Gute Erfahrungen wurden mit einer Frontalsitzordnung als Ausgangssituation gemacht. Indem jeweils die vorderen Schüler ihre Stühle umdrehen, finden sich blitzschnell die Gruppen zusammen. Das lohnt sich dann auch für kurze Gruppenarbeitsphasen.

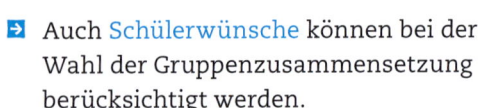

Veränderte Lehrerrolle

■ **Der Lehrer ist beim kooperativen Lernen nicht länger Wissensvermittler, sondern Initiator von Lernprozessen und Lernbegleiter.**

Er organisiert die Rahmenbedingungen, sodass die Schüler selbst aktiv werden und sich eigenständig und gemeinsam Wissen aneignen.

Eine gewissenhafte Vorbereitung muss neben den erwähnten Entscheidungen zu Gruppeneinteilung, Sitzordnung und allgemeinen Verhaltensregeln abklären,

- welche Ziele angestrebt werden,
- welche Methoden in welchen Phasen zum Einsatz kommen sollen,
- welches Material und
- wie viel Zeit benötigt wird.

Beim kooperativen Lernen greift das Prinzip der „Knappheit der Ressourcen".
Für das Material heißt das, dass jede Gruppe z.B. nur ein gemeinsames Arbeitsblatt erhält. Damit sind ihre Mitglieder automatisch „gezwungen", zusammenzuarbeiten. Eine ebenfalls positive Interdependenz erreichen Sie, wenn jedes Gruppenmitglied einen anderen Teil des Arbeitsmaterials erhält, das zur Lösung der Aufgabe nötig ist.

Hinsichtlich der Ressource Zeit gilt ebenfalls: eher knappe Zeitvorgaben geben! – Die Schüler beginnen so schneller mit den Aufgaben und arbeiten zügiger. Lieber bei Bedarf noch zusätzlich Zeit gewähren, als von vorneherein zu großzügig mit der ohnehin knappen Ressource Zeit umzugehen.

- **Zu Beginn der Lernphasen müssen Sie (möglichst schriftlich) klare Anweisungen und Ziele vorgeben, die für alle Schüler klar und transparent sind.**

Die Schüler müssen die Anforderungskriterien, die Verhaltenserwartungen und den Zeitrahmen kennen. Besonders die Bewertungskriterien müssen eindeutig und transparent sein. Sowohl die Leistung des Einzelnen als auch das Gruppenergebnis gehen in die Bewertung ein.

Während der Gruppenarbeit betreuen Sie die Gruppen:

- **Sie beobachten, unterstützen, intervenieren bei Fragen oder Problemen und evaluieren das Lernverhalten einzelner sowie der Kleingruppe.**

Bei der Präsentation der Ergebnisse haben Sie die Möglichkeit, sie zusammenzufassen, zu kommentieren oder mit Hilfe von Impulsen die Schüler selbst darüber reflektieren zu lassen.

■ **Sie sollten unbedingt für die Reflexion genug Zeit einplanen.**

Um den Zuwachs persönlicher und sozialer Kompetenzen zu optimieren, darf die Bewusstmachung, das Reflektieren über das eigene Tun und das der Gruppe nicht zu kurz kommen.

Je weniger Ihre Klasse über Teamfähigkeit verfügt, desto strukturierter muss die Gruppenarbeit sein.

Die im Folgenden vorgestellten Methoden zeichnen sich durch starke Strukturierung aus, die Schüler erlernen hier die Fähigkeiten, die sie grundsätzlich zum Arbeiten in Gruppen benötigen (z.B. zur Projektarbeit).

■ **Je mehr die Gruppe über soziale Kompetenzen verfügt, desto mehr können Sie das Management an die Schüler abgeben:**

Die Schüler ...
- teilen sich selbst die Zeit und das Material sinnvoll auf,
- sorgen dafür, dass sich jeder beteiligt,
- verteilen Aufgaben sinnvoll, dass jeder einen Beitrag leistet,
- reflektieren selbstständig über ihr Tun und das der anderen,
- beteiligen sich bei der Festlegung der Bewertungskriterien.

KAPITEL 2 | AUF EINEN BLICK

- Kooperatives Lernen erfolgt in der Regel in folgenden vier Phasen:
  1. Selber denken,
  2. Austauschen mit einem Partner und/oder in der Kleingruppe,
  3. Präsentieren der Ergebnisse im Plenum,
  4. Reflexion.

- Kooperatives Lernen braucht zum Gelingen v.a. folgende Voraussetzungen:
  - Disziplin,
  - eine sorgfältige Gruppeneinteilung,
  - eine geeignete Sitzordnung,
  - eine veränderte Lehrerrolle – vom Wissensvermittler zum Lernbegleiter.

- Je weiter die Schüler in ihren Sozialkompetenzen fortgeschritten sind, desto weniger Struktur müssen Sie vorgeben und desto mehr Verantwortung übernehmen die Schüler selbst.

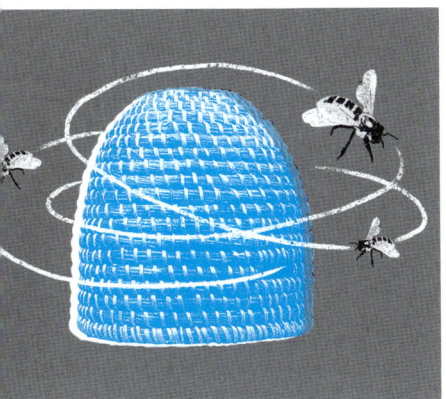

Kooperative Methoden im Überblick 3

☑ Welche Methode eignet sich für welche Unterrichtsphase?

☑ Welchen zeitlichen Aufwand muss ich für die verschiedenen Methoden einplanen?

☑ Welche Materialien benötige ich, und wie hoch ist der organisatorische Aufwand?

Welche Methode eignet sich für welche Unterrichtsphase?

Methode	Einstieg	Erarbeitung	Übung/Wiederholung
1-2-Alle	X	X	X
1-2-4-Alle	X	X	X
Reporter unterwegs	X	X	X
3-Phasen-Interview	X	X	X
Runder Tisch - reihum	X	X	X
Runder Tisch mit Redestift	X	X	X
Runder Tisch mit Schreibstift	X	X	X
Partner-Check			X
Aufgaben verschicken			X
1-2-3-4-WIR			X
Doppelkreis	X	X	X
Tischset	X	X	X
Gruppen-Puzzle		X	X

Wie viel Zeit für welche Methode?

Methode	Zeitlicher Umfang (kann je nach Fragestellungen stark variieren)
1-2-Alle	ca. 5 min
1-2-4-Alle	5–10 min
Reporter unterwegs	10–15 min
3-Phasen-Interview	10–20 min
Runder Tisch – reihum	1–3 min
Runder Tisch mit Redestift	2–5 min
Runder Tisch mit Schreibstift	5–15 min
Partner-Check	10–30 min
Aufgaben verschicken	45–90 min
1-2-3-4-WIR	15–45 min
Doppelkreis	5–15 min
Tischset	15–45 min
Gruppen-Puzzle	mind. 45–90 min

Materialien und organisatorischer Aufwand

Methode	Material	Organisations-aufwand
1-2-Alle	-	keiner
1-2-4-Alle	-	gering
Reporter unterwegs	Zettel, Stifte	gering
3-Phasen-Interview	-	mittel
Runder Tisch - reihum	-	gering
Runder Tisch mit Redestift	1 Stift	gering
Runder Tisch mit Schreibstift	1 Arbeitsblatt pro Gruppe	mittel
Partner-Check	1 Arbeitsblatt pro Paar	mittel
Aufgaben verschicken	mind. 1 Blanko-Karteikärtchen pro Schüler	mittel
1-2-3-4-WIR	Aufgaben auf Folie für Tageslichtprojektor	höher
Doppelkreis	-	mittel
Tischset	1 Arbeitsblatt pro Gruppe	mittel
Gruppen-Puzzle	Materialien für die Expertengruppen	höher

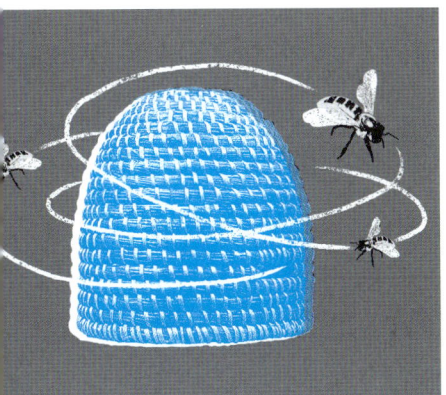

4. Umsetzung von kooperativen Lernmethoden

- ✓ Wann und wozu kann ich die Methoden im Unterricht konkret einsetzen?
- ✓ Wie funktioniert die genaue Umsetzung?
- ✓ Wie kann ich Stolpersteine vermeiden?

1-2-Alle („Think-Pair-Share")

Die 1-2-Alle-Methode ist einfach, effektiv und in jeder Klasse und jedem Fach einsetzbar. Es handelt sich um eine Alternative zum frontal geführten Unterrichtsgespräch.

Bei der 1-2-Alle-Methode – im Englischen „Think-Pair-Share" genannt – stellen Sie eine Frage, die zunächst von jedem Schüler (gedanklich und/oder schriftlich) alleine bearbeitet werden soll.

Nach einer bestimmten Zeit dürfen die Schüler mit **einem Partner** ihre Antworten oder Lösungen besprechen, bevor dann die **Ergebnisse im Plenum** besprochen werden.

Beim traditionellen Unterrichtsgespräch handelt es sich um ein Gespräch zwischen dem Lehrer und nur einem Schüler. Die Mehrheit der Schüler hat keine Chance, auch etwas zu sagen, und folgt dem Geschehen passiv oder gar nicht. Bei der strukturierten 1-2-Alle-Methode sind alle Schüler aktiv – und das nicht erst bei der Partnerarbeit, sondern bereits bei der Einzelarbeit.

Schließlich wissen die Schüler, dass sie sich anschließend mit dem Partner austauschen sollen. In der Plenumsphase hören sich Schüler genauer zu und vergleichen ihre Antworten mit denen der Mitschüler.

Oft entstehen hier engagierte Diskussionen unter den Schülern, der Lehrer moderiert nur noch.

Vorgehen:
1 | **(1) Einzelarbeit:** individuelle Auseinandersetzung mit einem Thema, einer Frage oder Aufgabe („Think").

2 | **(2) Partnerarbeit:** Austausch mit einem Partner, z.B. dem Tischnachbarn („Pair").

3 | **(ALLE)** Besprechung der Ergebnisse im Plenum („Share").

4 | **(Reflexion)** z.B. über den Austausch während der zweiten Phase, z.B. „Habt ihr euch beim Gespräch ans Thema gehalten?" oder „War der Austausch mit deinem Partner für dich hilfreich? Begründe."

Jede Phase wird von Ihnen zeitlich begrenzt, indem sie das Ende durch ein akustisches oder Handzeichen signalisieren.

Tipps aus der Praxis:
Die Methode ist jederzeit auch spontan im Unterricht einsetzbar. Der zeitliche Umfang des Partnergesprächs kann recht kurz sein, und trotzdem ist der Gewinn groß. Gerade als Einstieg ins kooperative Lernen eignet sich diese Methode besonders.

1-2-4-Alle

Diese Methode ist in nahezu jedem Fach, jeder Unterrichtsstunde und Klassenstufe einsetzbar. Es handelt sich um eine Erweiterung der zuvor beschriebenen 1-2-Alle-Methode:
Nach der **Partnerarbeitsphase** schließt sich eine **Gruppenarbeitsphase** an.

Vorgehen:

1 | **(1) Einzelarbeit:** individuelle Auseinandersetzung mit einem Thema, einer Frage oder Aufgabe.

2 | **(2) Partnerarbeit:** Austausch mit einem Partner, z.B. dem Tischnachbarn.

3 | **(4) Gruppenarbeit:** Austausch oder Diskussion von jeweils zwei Paaren in Vierergruppen.

4 | **(ALLE)** Besprechung der Ergebnisse im Plenum.

5 | **(Reflexion)** z.B. über die Gruppenarbeitsphase (z.B. „Habt ihr gut zugehört?" oder „Haben sich alle in deiner Gruppe am Gespräch beteiligt?")

Tipps aus der Praxis:

Der Austausch in Vierergruppen ist leicht zu organisieren, wenn die Hälfte der Schüler ihre Stühle zu den Hinternachbarn umdrehen. Möglich ist auch, dass alle Paare aufstehen und sich selbst ein anderes Gesprächspaar suchen.

Es ist wichtig, die verschiedenen Phasen wirklich komplett zu durchlaufen.

Lässt man die Einzelarbeit weg, ist das Gespräch zu zweit oft einseitig, da der schneller Denkende sofort das Wort ergreift und der andere somit lediglich den Gedanken seines Partners folgt und keine Chance hat, eigene zu entwickeln.

Die Partnerarbeitsphase wiederum ist eine Gewähr dafür, dass sich jeder Schüler einmal äußert.
Das macht sich bei der Gruppenarbeit bezahlt: Die Beteiligung ist höher, da alle Schüler sich zuvor schon einmal geäußert haben.

Diese Beobachtung stimmt auch mit Erkenntnissen aus der Lernpsychologie überein.

Die Ergebnisse durch die 1-2-4-Alle-Methode sind meist deutlich vielseitiger als nach einer einfachen Gruppendiskussion, und natürlich wesentlich reicher in Qualität und Quantität als beim Unterrichtsgespräch zwischen Lehrer und wenigen Schülern.

Reporter unterwegs

„Reporter unterwegs" können Sie in allen Unterrichtsstunden und Fächern einsetzen, in denen Sie einen breiten Austausch von Ideen, Einstellungen, Vorerfahrungen oder Lösungen unter den Schülern beabsichtigen und das völlig unabhängig von Klassenstufe und -größe.

Vorgehen:

1 | **(1) Einzelarbeit:** Jeder Schüler schreibt seine Gedanken oder Vorschläge zu einem gegebenen Thema auf.

2 | **(2) 1. Partnerarbeit:** Alle Schüler werden als „Reporter" ausgesandt: Sie stehen auf und suchen sich im Klassenraum einen Partner, der nicht ihr Tischnachbar oder ein Mitglied ihrer Kleingruppe ist. Sie befragen sich gegenseitig über das vorgegebene Thema und machen sich Notizen.

3 | **(2) 2. Partnerarbeit:** Wenn ein Paar sich gegenseitig befragt hat, suchen sich die beiden Reporter jeweils einen neuen Gesprächspartner. Sie befragen sich wieder gegenseitig und machen sich gegebenenfalls Notizen.

4 | **(2) 3. – n. Partnerarbeit:** Die Schüler suchen sich so oft weitere, neue Partner und

befragen sich jeweils gegenseitig, bis die von Ihnen vorgegebene Zeit herum ist.

5 | **(4) Gruppenarbeit:** Die Reporter berichten in ihren Kleingruppen reihum, was sie auf ihrer Tour als Reporter erfahren haben.

6 | **(ALLE)** Im Plenum kann je nach Thema und Ziel eine Zusammenfassung der Gruppenergebnisse für jede einzelne Gruppe erfolgen.

7 | **(Reflexion)** Die Reflexion kann die Methode oder das Verhalten der Schüler umfassen. Wenn es z.B. zu Privatgesprächen während der Partnergespräche als Reporter gekommen ist, könnte die Frage lauten: „Hast du als Reporter mit deinen Partnern nur über das Thema gesprochen? Wie könntest du das beim nächsten Mal besser machen?"

Tipps aus der Praxis:
Die Schüler mögen diese Methode sehr, da sie sich die jeweiligen Partner zum Interview selbst auswählen dürfen.
Das bringt Abwechslung und Motivation.
Zu viel Zeit für diese Phase sollten Sie allerdings nicht geben, die Schüler sollen sich ja zu einem bestimmten Thema austauschen und möglichst wenig Raum für Privatgespräche erhalten.

3-Phasen-Interview

Das 3-Phasen-Interview ist eine Abwechslung und eine zeitökonomische Alternative zum Stuhlkreis-Gespräch. Die Schüler üben hier ganz gezielt gutes Zuhören. Es eignet sich zum Austausch von (Vor-)Erfahrungen, Einstellungen, Meinungen und Ideen.

Vorgehen:

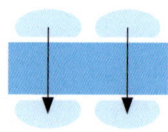

Phase 1:
Je zwei Gruppenmitglieder interviewen parallel die beiden anderen.

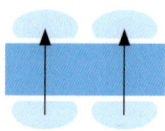

Phase 2:
Rollenwechsel – nun interviewen die bereits Befragten die vorherigen Interviewer.

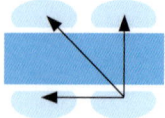

Phase 3:
Reihum fasst jedes Gruppenmitglied zusammen, was es von seinem Interviewpartner erfahren hat, und schließt mit der Frage an seinen ehemaligen Interviewpartner ab: „Habe ich dich richtig wiedergegeben?"

Wenn beim Aufteilen in Vierergruppen Schüler übrig bleiben, sollten Sie hierbei ausnahmsweise auf Fünfergruppen ausweichen.

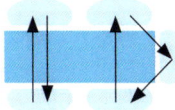

Phase 1 und 2:
Während sich die beiden Mitglieder links gegenseitig interviewen, erfolgen bei den Schülern rechts kurz nacheinander drei Interviews im Dreieck.

Diese Schüler haben damit pro Interview etwas weniger Zeit als die beiden anderen.
Phase 3 verläuft wie bei den Vierergruppen, nur, dass jetzt fünf Schüler reihum berichten und in der Regel dann auch etwas mehr Zeit benötigen.

Mögliche Stolpersteine / Tipps aus der Praxis:
Vor der Durchführung kann es hilfreich sein, folgende Gesprächshinweise zur Durchführung der Interviews zu geben: Der Interviewer …
… stellt Fragen, die zum Sprechen anregen (keine Ja/Nein-Fragen),
… hört gut zu,
… macht sich Notizen,
… stellt Rückfragen,
… spricht nicht von sich.

Der Interviewte antwortet möglichst genau und spricht von „ich" und nicht von „man".

Runder Tisch – reihum

Diese Methode eignet sich für alle Klassenstufen und Fächer.
Die Schüler tauschen in den Kleingruppen reihum ihre Gedanken, Ideen oder Meinungen zu einem vorgegebenen Thema aus.

Durch das „Reihum" erreicht man, dass jeder Schüler sich Gedanken zu einem Thema macht, sich mit dem Thema auseinandersetzt – denn: Jeder kommt dran.
Das ist der Vorteil gegenüber dem freien Gruppengespräch, bei dem Einzelne auf Tauchstation gehen, während andere übereifrig Mitschülern das Wort abschneiden und den Gesprächsverlauf dominieren.

Oft sind Schüler schlicht überfordert, sich auf die Inhalte des Gesprächs und gleichzeitig auf die verschiedenen Gesprächsregeln zu konzentrieren.

Die einfache und klare Regel des „Reihums" strukturiert den mündlichen Austausch, es redet immer nur ein Schüler pro Gruppe.
Da jeder weiß, dass er auch in absehbarer Zeit an die Reihe kommen wird, kann er sich leichter zurücknehmen und den Mitschülern entspannt zuhören.

Um alle Schüler zur aktiven Beteiligung am Gespräch zu motivieren, muss sich jeder äußern – wer dazu gerade nicht bereit ist, muss zumindest folgenden Satz sagen:
„Im Moment möchte ich dazu nichts sagen".

Nachdem ein Schüler sich mit diesem Satz einmal geäußert hat, erhöht sich die Wahrscheinlichkeit, dass dieser sich zu einem anderen Zeitpunkt einbringt.

Spätestens bei der Reflexion sollte den Schülern der Sinn der Vorgaben zur Gesprächsführung klarwerden. Damit erhöht man ihre Bereitschaft, sich das nächste Mal besser an die Regeln zu halten.

Vorgehen:
1 | Die Schüler setzen sich zu viert – oder eventuell bei entsprechender Gruppengröße zu dritt – um einen Tisch.

2 | Reihum äußert sich jeder zum Thema, nennt aber immer nur einen Aspekt oder ein Beispiel.

3 | Es kann je nach Aufgabe mehrere Gesprächsrunden geben.

4 | Wenn ein Schüler sich nicht zu dem Thema äußern kann oder möchte, muss er dies aussprechen: „Im Moment möchte ich dazu nichts sagen".

5 | Reflexion: z.B. „Wie hat die Gesprächsregel „reihum" das Gespräch in der Gruppe verändert?", „Ist es dir schwergefallen, dich an die Regel zu halten?"

Tipps aus der Praxis:
Damit die Schüler nicht vergessen, was sie sagen wollten, bis sie an der Reihe sind, sollten sie sich Notizen machen dürfen. Die Methode eignet sich auch sehr gut zum Vergleichen der Hausaufgaben in den Kleingruppen.

Runder Tisch mit Redestift

Eine Erweiterung zum „Runden Tisch – reihum" stellt der „Runde Tisch mit Redestift" dar – eine Methode die sich ebenfalls für alle Klassenstufen in fast allen Fächern anbietet.
Es werden Gedanken, Ideen oder Meinungen in den Kleingruppen ausgetauscht.
Dazu legen die Schüler in der Kleingruppe einen Stift, den Redestift, auf die Tischmitte.
Es gilt die Regel: „Ich darf nur sprechen, wenn ich den Stift in der Hand halte."

Die erste Runde geht zunächst reihum, damit jeder sich gleich zu Beginn einmal äußert. Wieder muss jeder etwas sagen, und sei es nur den Satz:

„Im Moment möchte ich dazu nichts sagen."

Dann dürfen sich die Schüler in freier Reihenfolge weiter äußern, aber immer nur, nachdem sie den Redestift ergriffen haben.

Vorgehen:

1 | Die Schüler setzen sich zu dritt oder zu viert um einen Tisch.
2 | Auf dem Tisch liegt ein Stift, der „Redestift".
3 | Erste Gesprächsrunde reihum: Ein Schüler nimmt den Stift und nennt zum vorgegebenen Thema genau einen Aspekt, damit die anderen auch noch etwas zu sagen haben.
Anschließend gibt er den Stift an den nächsten in der Gruppe weiter, der nun reden darf.
Dieses Vorgehen wird fortgesetzt, bis jeder in der Gruppe sich einmal geäußert hat. Wenn ein Schüler sich nicht zu dem Thema äußern kann oder möchte, muss er dies aussprechen:
„Im Moment möchte ich dazu nichts sagen".
4 | Weitere Gesprächsrunden: Wenn ein Schüler das Wort ergreifen möchte, muss er den Redestift in die Hand nehmen. So-

bald er seinen Redebeitrag beendet hat, legt er den Stift wieder auf den Tisch. Nun kann ein anderer Schüler den Stift nehmen und etwas sagen.

Jeder Schüler darf sich während des Gesprächs Notizen machen, um nicht zu vergessen, was er sagen möchte.

5 | Reflexion: z.B.:
„Welche Vorteile siehst du bei dieser Methode im Vergleich zum freien Gruppengespräch?"
„Hattest du Probleme, dich an die Regel zu halten?"

Tipps aus der Praxis:
Einige Schüler äußern sich bei der Reflexion meist kritisch zu dem Reglement mit dem Redestift, sie vermissen „Spontaneität" in der Diskussion.
Ohne diese Schüler bloßzustellen, muss hier darauf hingewiesen werden, das zu guter Teamarbeit Selbstkontrolle gehört: Sich selbst zurückzunehmen, fällt manchmal schwer.

Runder Tisch mit Schreibstift

Bei dieser Variante des Runden Tischs wird auf einem gemeinsamen Blatt Papier in der

Kleingruppe ein schriftliches Gruppenergebnis fixiert. Auch diese Methode kann in allen Klassenstufen, fast allen Fächern und in vielen Unterrichtsphasen eingesetzt werden. Wieder sind alle Schüler aktiv. Sie können so beispielsweise ihr Vorwissen zu einem neuen Thema sammeln, ein gemeinsames Mindmap erstellen oder ein Brainstorming durchführen. Und da die Schüler innerhalb der Kleingruppe nicht gleichzeitig schreiben dürfen, widmen sie den Beiträgen ihrer Teamkollegen Aufmerksamkeit, lassen sich zu neuen Ideen inspirieren, der Synergieeffekt ist hoch.

Vorgehen:

1 | Auf dem Tisch, um den die Gruppe sitzt, liegt ein Stift und ein Blatt Papier oder eine Folie für den Tageslichtprojektor.

2 | Erste Schreibrunde reihum: Ein Schüler nimmt den Stift und schreibt einen Beitrag zu einem vorgegebenen Thema gut leserlich auf das Blatt oder die Folie. Sie legen fest, ob dieser Beitrag mündlich kommentiert oder ob diese Gruppenarbeit schweigend durchgeführt werden soll. Anschließend gibt der Schüler den Stift an den nächsten in der Gruppe weiter. Das wird fortgesetzt, bis jeder in der Gruppe sich einmal schriftlich geäußert hat.

3 | Wenn ein Schüler nichts zu dem Thema schreiben kann oder möchte, gibt er den Stift einfach weiter.

4 | Weitere Schreibrunden: Wenn ein Schüler einen Beitrag auf dem Blatt Papier (auf der Folie) leisten möchte, nimmt er den Stift und schreibt seine Idee deutlich lesbar für die anderen auf.

5 | Danach legt er den Stift wieder auf den Tisch, und ein anderer Schüler kann weiterschreiben. Wenn mehrere Schüler zur gleichen Zeit den Stift ergreifen wollen, hat derjenige Vorrang, der bisher weniger aufgeschrieben hat.

6 | Wenn Folien benutzt wurden, kann das Gruppenergebnis auf dem Tageslichtprojektor der Klasse präsentiert werden.

7 | Reflexion (z.B. bei der Durchführung ohne mündlichen Austausch): „Wie hast du die Schweigezeit während der Gruppenarbeit empfunden?" „Ist es dir schwergefallen, so lange nicht zu reden?"

Tipps aus der Praxis:
Damit die Schüler nicht zu lange warten müssen, bis sie an der Reihe sind, – was eine Störungsquelle darstellen kann, – sollten die einzelnen Beiträge quantitativ eingegrenzt werden.

Jeder Schüler sollte jeweils nur ein Beispiel, einen Gedanken, eine Zahl etc. zu Papier bringen und dann den Stift einem Mitschüler überlassen.

Statt eines gemeinsamen Schreibstifts können die Schüler auch mit je einem verschiedenfarbigen Stift schreiben. Dann kann man auch leicht die individuellen Beiträge überprüfen und damit die individuelle Verantwortlichkeit.

Alternativ können Sie den Schülern statt eines leeren Blattes auch ein vorbereitetes Arbeitsblatt vorlegen, das dann immer reihum gemeinsam mit verschiedenfarbigen Stiften bearbeitet wird.

Hier müssen die Schüler jeweils zunächst mündlich begründen, was sie zu schreiben beabsichtigen, und dürfen erst ihre Lösung schriftlich fixieren, wenn die Teamkollegen einverstanden sind.

Solche Arbeitsblätter können z.B. in Mathematik eingesetzt werden, zur Übung der schriftlichen Multiplikation mit mehrstelligen Faktoren (gewechselt wird dann z.B. nach jeder Multiplikation mit einer Ziffer), oder in Deutsch, zur Zeichensetzung in einem vorgegebenen Text.

Der Nachweis der individuellen Leistung fördert die Mitarbeit aller.

Das fertige Produkt, das gemeinsame Gruppenergebnis, stärkt den Teamgeist in den Kleingruppen.

Partner-Check

Viel Zeit wird im Unterricht der Übung gewidmet: In Mathe wird das Kopfrechnen, der Dreisatz oder die Lösung quadratischer Gleichungen geübt.
In den sprachlichen Fächern die Anwendung grammatikalischer Regeln, z.B. der richtige Gebrauch der Zeiten, Satzeichen etc.
In Sachfächern übt man das Nachschlagen in Atlanten usw.

Meist geschieht das Üben in Einzelarbeit mit mehr oder weniger befriedigendem Erfolg.
Bessere Lernergebnisse werden mit dem Partner-Check erzielt – und es macht deutlich mehr Spaß!

Diese Methode ist eine klarstrukturierte Partnerarbeit, bei der abwechselnd Aufgaben gelöst werden.
Die Schülerpaare verfügen jeweils über ein gemeinsames Arbeitsblatt und bearbeiten die Aufgaben abwechselnd. Dabei teilen sie ihrem Partner mit, was sie denken, was sie tun möchten oder wo sie Probleme haben.

Während des Sprechens werden Gedanken und Begründungen entwickelt, Lösungen werden hinterfragt, es findet geistvolles Arbeiten statt. Die Wahrscheinlichkeit, dass Falsches eingeübt wird, ist dadurch minimiert.

Schwächere Schüler können vom Beispiel des stärkeren Partners lernen und natürlich bei der Bearbeitung der eigenen Arbeit nachfragen.
Sie können sich der Richtigkeit ihrer Lösungsstrategien vergewissern und Impulse und Tipps erhalten.

Aus der Lernpsychologie wissen wir, dass nachhaltiges Lernen deutlich unterstützt wird, wenn wir über das Thema selber sprechen.
Dies gilt auch für den leistungsstärkeren Schüler. Auch bei ihm werden die Gedächtnisspuren durch das Darüber-sprechen verstärkt.

Jeder lernt nachhaltiger und erfährt durch die Arbeit mit dem Partner, dass man z.B. auch andere Lösungswege beschreiben kann.
Alle profitieren von dieser Methode.

Schüler sagen oft, dass sie es beim Partner Check schätzen, Fehler machen zu dürfen, nachfragen zu können, sich über Probleme klarzuwerden und sie zu formulieren. Und natürlich lieben sie einfach die Abwechslung im Unterricht.

Wenn die Paare im Anschluss an die gelösten Aufgaben ihre Ergebnisse mit denen eines weiteren Paares vergleichen, finden oft noch einmal Diskussionen über unterschiedliche Lösungen statt.

Lösungswege werden diskutiert und überdacht, es wird nachgeschlagen und geprüft – auch aus Fehlern wird gelernt.

Vorgehen:

1 | Die Klasse wird in heterogene Paare aufgeteilt: Am besten ein leistungsstärkerer mit einem Schüler aus dem Leistungsmittelfeld, und die schwächeren ebenfalls mit einem Schüler aus dem Mittelfeld.

2 | Jedes Paar erhält ein Arbeitsblatt: Die Aufgaben darauf sind immer in zwei Spalten angeordnet, z.B.:

Name: Partner A	Name: Partner B
Berechnet x für jede Gleichung.	
1. $3x + 15 = 6x$	2. $6x + 14 = 8x$
3. $16x + 8 = -40$	...
...	10 – 20 min

Partner A liest die erste Aufgabe Partner B vor. A denkt „laut" über die Lösung nach, d.h., er erklärt seinem Partner jeden Denkschritt, auch eventuelle Schwierigkeiten. Partner B hört aufmerksam zu. Er stellt Fragen, wenn er einen Gedanken nicht versteht oder wenn er einem Gedanken oder einer Lösung nicht zustimmt. Er gibt Tipps, wenn es notwendig erscheint.

Wenn Partner A und B der Lösung zustimmen, darf A die Lösung schriftlich fixieren.

Das Arbeitsblatt wird ausgetauscht. Jetzt liest Partner B die zweite Aufgabe, erklärt seine Gedanken A und verfährt wie oben beschrieben.

3 | Reflexion (z.B. schriftlich): „Warst du ein guter Teamplayer: Hast du deinem Partner deine Gedanken mitgeteilt?" „Warst du ein guter Coach: Hast du gut zugehört?"

Regeln zum Partner-Check:

- Sei ein Coach: Mache deinen Partner auf Fehler aufmerksam, aber korrigiere sie nicht!

- Sei ein Teamplayer: Sprich alles aus, was dir zu einer Aufgabe durch den Kopf geht!

- Finde gemeinsam mit deinem Partner eine Lösung: Schreibe die Lösung erst auf, wenn dein Partner zugestimmt hat! Übergehe die Meinung deines Partners nicht, sondern überzeuge ihn von deiner Lösung!

- Lobt euch gegenseitig: „Prima gemacht!", „Das hast du gut erklärt!"

- Denke daran: selbst sprechen, selbst denken, selbst Fehler finden!

Tipps aus der Praxis:

- Überlassen Sie die Paarbildung nicht dem Zufall: Der Partner-Check klappt nicht, wenn zwei schwache Schüler ein Arbeitsblatt gemeinsam bearbeiten sollen.

- Die Schülerpaare arbeiten jeweils gleichzeitig ihre Spalte des Arbeitsblattes ab und tauschen ihre Gedanken nicht aus? Fordern Sie bei der Einführung mit Nachdruck ein, dass die Schüler wirklich abwechselnd die Aufgaben bearbeiten und ihre Gedanken verbalisieren.

- Lassen Sie zur Einführung dieser Methode zwei Schüler am Tageslichtprojektor im Rollenspiel das Vorgehen demonstrieren.

- Die Reflexion sollte unbedingt das Verhalten während des Arbeitsprozesses mit einschließen.

- Lassen Sie zur Ergebnissicherung das Blatt längs in der Mitte auseinanderschneiden. Jeder Schüler kann nun „seine" Spalte ins Heft kleben.

- Bei geübten Gruppen: Die Schüler falten ein Ringbuchblatt in zwei Spalten und bearbeiten abwechselnd Aufgaben aus dem Buch, die sie selbst auf das Blatt jeweils in ihre Spalte übertragen.

Aufgaben verschicken

Aufgaben verschicken ist eine hervorragende Übungsmethode, die auch zur Vorbereitung auf einen Test bestens geeignet ist.
Die Methode ist für alle Klassenstufen geeignet.

Die Schüler überlegen sich selbst Fragen oder Aufgaben, die sie später zur Bearbeitung an ihre Mitschüler weitergeben. Dabei dürfen die Fragen und Antworten nicht zu umfangreich sein.

Bereits durch die Formulierung der Aufgaben beschäftigen sich die Schüler intensiv mit dem Stoff, eine Leistungsdifferenzierung erfolgt hier automatisch.
Schwächere Schüler erstellen leichtere Aufgaben, stärkere Schüler anspruchsvollere. In der anschließenden Übungsphase profitieren alle Schüler von der Vielfältigkeit der erstellten Aufgaben. Sie als Lehrer werden entlastet:
Sie brauchen sich die Übungsfragen nicht alleine zu überlegen und können eventuell einzelne Fragen oder Aufgaben für den Test verwenden.

Vorgehen:
1 | **Einzelarbeit:** Jeder Schüler einer Gruppe schreibt eine eigene Übungsaufgabe auf eine Karteikarte. Die Aufgabe und die zugehörige Antwort auf der Rückseite sollten eindeutig sein.

Die Seite mit der Frage wird mit einem „F" versehen, die Seite mit der Antwort mit einem „A".

2 | **„Runder Tisch":** Reihum zeigt nun jedes Gruppenmitglied seine Aufgabe den anderen drei Schülern in der Gruppe.
Jeder schreibt die Lösung, die er für richtig hält, auf ein Blatt. Anschließend werden die Lösungen mit der auf der Karte verglichen.
Die Schüler eines Teams überarbeiten oder verbessern gegebenenfalls ungenaue oder unverständliche Fragen oder eine falsche oder unvollständige Antwort auf der Karte.

3 | **„Verschicken" der Aufgaben:** Wenn alle Karten überprüft wurden, werden die Karten an eine andere Gruppe zum Lösen geschickt.
Jede Gruppe erhält somit vier Karteikärtchen einer anderen Gruppe.

4 | **„Runder Tisch":** Schüler 1 liest die erste Aufgabe/Frage der Gruppe vor. Jedes Gruppenmitglied schreibt die Lösung auf ein eigenes Blatt. Dann vergleichen und besprechen die Schüler dieser Gruppe die gefundenen Lösungen. Wenn sie sich auf eine Lösung geeinigt haben, überprüfen

sie, ob ihre Lösung mit der der anderen Gruppe auf der Rückseite der Karteikarte übereinstimmt.
Falls nicht, schreiben sie ihre Lösung als Alternativlösung dazu. Schüler 2 liest die nächste Frage, und es wird wie oben beschrieben weiter verfahren.

5 | **„Weiterverschicken":** Entsprechend der Klassengröße können die Karten noch mehrmals weiter geschickt werden.

6 | **Reflexion:** z.B. „Wie konnte die Methode „Aufgaben verschicken" zur Vorbereitung auf den Test helfen?"

Tipps aus der Praxis:

- Häufig wiederholen sich die Fragen, die die Schüler zu einem Thema formulieren. Möchten Sie solche Wiederholungen ausschließen, können Sie den Stoff aufteilen und jeder Gruppe einen anderen Teil zur Bearbeitung zuteilen.

- Die Erfahrung zeigt, dass es für alle Gruppen motivierend wirkt, wenn der Lehrer zu Beginn ankündigt, dass er geeignete Aufgaben oder Fragen der Schüler in einem späteren Test verwenden wird.

- Um wertvolle Unterrichtszeit zu sparen, können Sie, besonders bei älteren Schülern, die Vorbereitung der Kärtchen als Hausaufgabe erteilen. Die Kontrolle und Korrektur sollte dann trotzdem in der Kleingruppe erfolgen.

- Zumindest bei schwächeren Gruppen sollten Sie vor dem Verschicken der Kärtchen an andere Gruppen unbedingt überprüfen, ob die Aufgaben inhaltlich angemessen sind, ob sie lesbar und orthografisch richtig sind.

- Die Kärtchen eignen sich auch gut zur Wiederholung des Stoffes zu einem späteren Zeitpunkt innerhalb von Freiarbeit oder einer Lerntheke. Hier können sich Partner gegenseitig abfragen.

1-2-3-4-WIR-Methode

Die 1-2-3-4-WIR-Methode, im Amerikanischen „Numbered heads together" genannt, kann in allen Klassenstufen zum Einsatz kommen, wenn Schülerwissen aktiviert oder der Wissensstand innerhalb einer Klasse überprüft werden soll.

Sie kann alternativ zum klassischen Unterrichtsgespräch eingesetzt werden, bei dem der Lehrer Fragen an die Klasse stellt und einzelne Schüler antworten, gleichzeitig aber viele passiv bleiben.

Diese klassische Unterrichtsform ist von starkem Konkurrenzdenken geprägt:
Indem sich ein Schüler meldet und die Chance erhält, seine Antwort zu sagen (und diese sich dann auch noch als richtig erweist), hat der einzelne Schüler ein Erfolgserlebnis.

Jeder möchte aber Erfolg haben, denn das gibt ein Glücksgefühl, wie die moderne Hirnforschung auch wissenschaftlich bestätigt. Es kann aber immer nur einer zum Zuge kommen, und das bedeutet für viele andere Frustration oder Resignation – nicht nur für die Schwächeren.

Die 1-2-3-4-WIR-Methode bietet einen Ausweg aus diesem Problem:
Bei der 1-2-3-4-WIR-Methode sind die Schüler einer Kleingruppe durchnummeriert. Jeder Schüler erhält hierzu eine Nummer zwischen 1 und 4.

Sie stellen eine Frage, und die Schüler erhalten Zeit, in ihren Kleingruppen über die Antwort zu beraten. Wenn Sie ein Signal geben, müssen die Schüler ihre Gruppengespräche einstellen. Jetzt rufen Sie eine Zahl zwischen eins und vier auf.

Nun müssen alle Schüler mit dieser Nummer aufstehen und Rede und Antwort stehen.

Sie vertreten ihre Gruppe. Das bedeutet, dass im Vorfeld die Gruppenmitglieder sicherstellen, dass wirklich jeder in der Gruppe die Antwort weiß und versteht, denn jeder kann drankommen.

Die positive Abhängigkeit und individuelle Verantwortlichkeit sind hier besonders hoch – die Zusammenarbeit innerhalb der Kleingruppe sehr eng.

Auch im räumlichen Sinne: Die Nachbargruppe soll möglichst nicht mitbekommen, was in der eigenen Gruppe beraten wird.

Die Schüler lieben diese Methode:
Der Wettspielcharakter reizt alle Schüler, und die Schwächeren schätzen außerdem, dass sie in der Beratungsphase Unterstützung und Hilfen bekommen. Denn: Alle wollen punkten. Die Leistungsstärkeren haben ein echtes Interesse, dass die Schwächeren in ihrer Gruppe Erfolg haben.

Jeder in der Gruppe partizipiert am Erfolg des einzelnen Vertreters. Die Kleingruppen entwickeln ein starkes Wir-Gefühl.

Vorgehen:

1 | Den Schülern einer Gruppe werden jeweils die Zahlen von 1 bis 4 zugeordnet.

2 | Sie stellen eine Frage oder Aufgabe mündlich oder auf dem OHP. Eventuell nennen Sie ein Zeitlimit.

3 | Die Schüler in den Kleingruppen beraten über die Lösung und deren Begründung. Ihr Ziel ist, sicherzustellen, dass jeder in der Gruppe die Lösung versteht.

4 | Sie nennen eine Zahl zwischen 1 und 4, die Schüler mit der entsprechenden Zahl stehen auf oder melden sich. Sie rufen einen dieser Schüler auf und belohnen eine richtige Antwort (z.B. mit einem Gruppenpunkt).
Im Idealfall sollten Sie für eine gestellte Frage oder Aufgabe so viele Teilfragen wie Gruppen pro Durchgang bereithalten oder bei kurzen Antworten simultan abhören.

5 | Sie stellen eine neue Frage. Die Schüler beraten sich wieder. Sie nennen eine neue Zahl, etc …

6 | Reflexion, z.B.: „Was hat uns an der Methode besonders gefallen?"

Tipps aus der Praxis:

Manchmal ärgern sich Schüler, weil sie ausgerechnet dann aufgerufen werden, wenn sie die Antwort nicht so gut wissen.
Um den Ärger nicht auf sich zu ziehen, hilft ein einfacher Würfel:
Wenn die Nummern der Schüler gewürfelt werden, entscheidet allein der Zufall – das bedeutet

aber auch nicht selten, dass eine Zahl mehrmals hintereinander gewürfelt wird.

Das hat zur Folge, dass derselbe Schüler mehrmals hintereinander drankommen kann.

Dies wiederum lässt auch die Schüler nicht abtauchen, die schon dran waren, da sie sich nicht in der vermeintlichen Sicherheit wiegen können, eine Weile verschont zu bleiben.

Zur Abfrage der Lösungen sollten Sie sich im Voraus Gedanken machen, wie Sie die Antworten von den jeweiligen Vertretern der Gruppen abfragen möchten.
Denn jede Gruppe sollte die Chance erhalten, pro Frage einen Punkt zu erzielen.

Bei Fragen, auf die es nur eine richtige Antwort gibt (und zu denen man auch keine Zusatzerklärungen abfragen kann), gibt es folgende Möglichkeiten:

- Alle Gruppenvertreter schreiben ihre Antworten gleichzeitig nebeneinander an der Tafel an.

- Die Schüler schreiben ihre Antworten auf eine kleine Folie, die dann auf dem Tageslichtprojektor präsentiert wird.

- Die Schüler schreiben die Antwort auf ein Antworttäfelchen (kleine Schiefertäfelchen oder laminierte DIN-A4-Blätter), die sie dann simultan hochhalten.

- Ein Schüler gibt die Antwort, und die Schüler mit derselben Nummer aus den anderen Gruppen signalisieren ihre Zustimmung oder Ablehnung, z.B. per Ampelkärtchen:
Die Schüler haben eine rote, eine gelbe und eine grüne Karte. Mit der grünen zeigen sie ihre Zustimmung, mit der roten ihre Ablehnung, gelb heißt, das man die Antwort nur für teilweise richtig oder ergänzungsbedürftig erachtet.

- Ähnlich können die Gruppenvertreter per Handzeichen ihre Meinung kundtun: Daumen hoch bedeutet Zustimmung, Daumen nach unten Ablehnung, und Daumen in der Waagerechten heißt teilweise Zustimmung oder Ergänzungsbedarf.

- Alle Gruppenvertreter antworten gleichzeitig im Chor – mit dem Nachteil, dass man kaum merkt, wer nur nachredet oder gar nichts oder Falsches sagt …

Als günstig erweisen sich Fragen oder Aufgaben, bei denen Sie möglichst viele Schüler bei der Beantwortung berücksichtigen können.
Im Fach Deutsch könnte es der Auftrag sein, in einem vorgegebenen Satz fehlende Satzzeichen

zu setzen. Dann kann jeder Gruppenvertreter ein fehlendes Satzzeichen in einem Satz mit Begründung benennen.

In Mathematik können Sie den Gruppen eine Aufgabe zur Bearbeitung geben, aber nicht alleine die Lösung, sondern mehrere Fragen zu den Lösungsschritten stellen.

Z.B. könnten Sie zur Aufgabe $\frac{5}{6} - \frac{5}{12}$ fragen:

„Wie heißt der gemeinsame Nenner?", „Mit welcher Zahl musste man den ersten Bruch erweitern?", „Wie heißt der neue Zähler, wenn man den ersten Bruch auf Zwölftel erweitert?" ...

Doppelkreis/Kugellager

Beim Doppelkreis tauschen die Schüler mit wechselnden Zufallspartnern Ideen, Meinungen oder Informationen aus.

Die Methode eignet sich auch zum Üben und Abfragen von Vokabeln, kleineren Kopfrechenaufgaben oder kurzen Wiederholungsfragen zu einem Sachthema.

Somit können Sie den Doppelkreis – je nach Schülerauftrag – in jeder Unterrichtsphase einsetzen: als Ritual zu Beginn einer Unterrichtsstunde, zum Vokabeltraining in der Fremdsprache, zum Austausch von Informationen nach einer

Erarbeitungsphase oder am Ende einer Stunde zur Reflexion.

Vorgehen:

1 | Die Schüler bilden einen Doppelkreis. Dazu stellen sie sich zunächst in einem großen Kreis auf. Per Durchnummerierung erhalten die Schüler abwechselnd die Nummern 1 oder 2.

2 | Die „Einer" treten nun einen Schritt in Richtung Kreismitte und drehen sich zu dem links stehenden „Zweier" um.

3 | Die Teilnehmer stehen sich nun in zwei Kreisen gegenüber (Innen- und Außenkreis).

4 | Erstes Drehen: Die Schüler im Außenkreis marschieren von ihnen aus gesehen drei Personen weiter nach links.

5 | Erster Austausch: Die sich gegenüberstehenden Paare tauschen sich zu einem vorgegebenen Thema aus, die „Einer" beginnen, dann kommen die „Zweier" an die Reihe.

6 | Weiterdrehen: Nach einer vorgegebenen Zeit geben Sie ein Signal, und der Innenkreis dreht sich nach links um jeweils drei Personen weiter.

7 | Zweiter Austausch: Die neuen Paare tauschen sich zum selben Thema oder zu einer neuen Fragestellung aus. Diesmal beginnen die „Zweier".

8 | Es kann so oft weitergedreht werden, wie es Ihnen sinnvoll erscheint.

9 | Reflexion, z.B.: „Was hast du von deinen verschiedenen Partnern heute gelernt?" „Welche Information von Mitschülern fandest du heute besonders interessant?"

Tipps aus der Praxis:

In vielen Klassenzimmern muss der für einen Doppelkreis benötigte Platz erst durch Umstellen von Tischen und Bänken geschaffen werden. Das sollte aber kein Hindernis darstellen.

Die Schüler erledigen diese Aufgabe meist zügig, wenn sie entsprechend eingeübt wurde.

Manche Schüler und auch Lehrer empfinden die Lautstärke als zu hoch: Denn die Hälfte der Schüler einer Klasse spricht gleichzeitig!
Hier hilft es, wenn die Schüler ein wenig auseinander rücken können.
Dazu können Sie den Doppelkreis gegebenenfalls auch auf dem Flur durchführen.

Es gilt, den Nachteil des hohen Geräuschpegels abzuwägen mit dem Vorteil, dass sich so viele Schüler gleichzeitig aktiv mündlich austauschen können.

Bei einer ungeraden Zahl von Schülern in einer Klasse können Sie im Außenkreis eine Position doppelt besetzen, sodass hier drei Schüler miteinander kommunizieren.

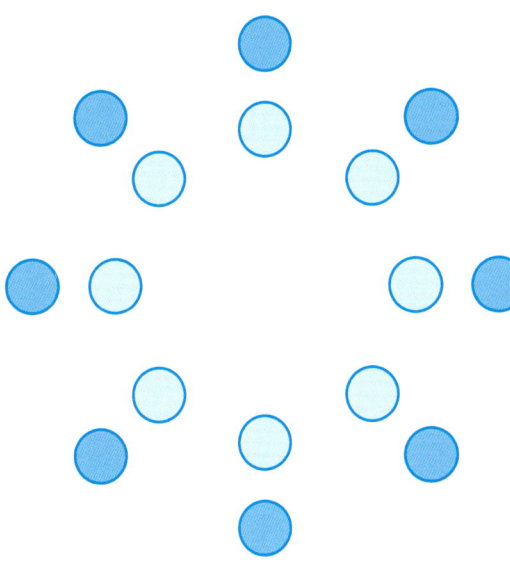

Tischset (Placemat)

Das Tischset, im Englischen „Placemat" genannt, ist eine sehr strukturierte Gruppenarbeitsmethode, bei der sowohl die individuellen Vorüberlegungen jedes Gruppenmitglieds als auch die Gruppenlösung schriftlich festgehalten werden.

Die Methode eignet sich zum geistigen Andocken an ein neues Thema, zum Abrufen von (Vor)-Wissen und (Vor-)Erfahrungen oder Meinungen sowie zum Lösen von Aufgaben in der Gruppe in vielen Fächern und allen Klassenstufen.
Sie eignet sich auch besonders, wenn die Schüler innerhalb einer Gruppenarbeit benotet werden sollen, da die einzelnen Beiträge schriftlich festgehalten werden.

Vorgehen:
1 | Jede Vierergruppe erhält ein gemeinsames Arbeitsblatt mit folgender Aufteilung:

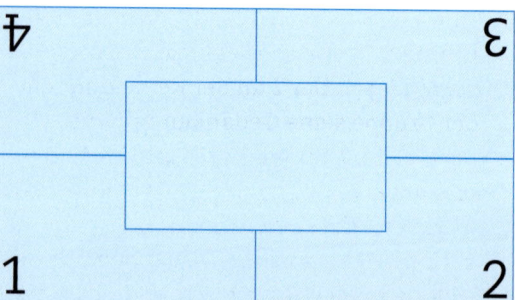

2 | Sie stellen die zu bearbeitende Frage oder Aufgabe oder geben einen Impuls.

3 | Einzelarbeit: Jedes Gruppenmitglied überlegt zunächst alleine und schreibt seine Antwort oder Idee in sein persönliches Feld im Außenbereich des Tischset-Arbeitsblattes.

4 | Gruppenarbeit: Die Gruppenmitglieder stellen sich reihum ihre Beiträge vor.

Geht es um das Sammeln von Informationen, Meinungen oder Ideen, kann folgendes Vorgehen die Aktivität und Aufmerksamkeit aller während der Austauschphase verstärken:

Schüler 1 teilt der Gruppe mit, was er sich zum Thema notiert hat. Alle hören zu. Schüler 2 fasst die von Schüler 1 vorgestellten Gedanken mit eigenen Worten zusammen, fragt, ob dieser mit der Zusammenfassung einverstanden ist, und schreibt sie in das Mittelfeld.
Dann ist Schüler 2 an der Reihe und teilt der Gruppe seine Gedanken mit, die Schüler 3 zusammenfasst und im Mittelfeld notiert usw.
Wenn es sich um einen Arbeitsauftrag handelt, bei dem sich die Gruppenmitglieder auf Ergebnisse oder Antworten eini-

gen sollen, eignen sich folgende zwei Möglichkeiten des Austauschs in der Gruppe:

- Das Arbeitsblatt wird jeweils um 90° gedreht, die Gruppenmitglieder lesen jeweils die Beiträge ihrer Teammitglieder.

- Oder es berichtet jeder reihum, was er notiert hat.

Dann folgen Rückfragen zu den gelesenen oder gehörten Beiträgen. Verständnisprobleme werden geklärt. Die Gruppe einigt sich auf gemeinsame Lösungswege oder Ergebnisse, die in der Blattmitte dargestellt werden.

5 | **Plenum:** Die Ergebnisse der Gruppen werden dem Plenum präsentiert. Dies kann mündlich oder in Plakatform erfolgen, (entsprechend groß sollte dann das Tischset sein) oder auf dem Tageslichtprojektor.

6 | **Reflexion:** z.B. „Welcher Gedanke eines Teamkollegen hat dich zum Nachdenken angeregt oder dir weitergeholfen?"

Tipps aus der Praxis:

Es sollte genug Zeit für die Einzelarbeitsphase gegeben werden, damit wirklich jeder etwas auf dem Papier zur Aufgabe formuliert hat, bevor es zum Austausch kommt.

Gruppen-Puzzle („Jigsaw")

Das Gruppen-Puzzle (auch „Expertenmethode" oder mit dem englischen Namen „Jigsaw" bezeichnet) empfiehlt sich für Gruppen mit älteren Schülern oder mit Gruppen, die bereits über ein ausreichendes Maß an Methoden- und Sozialkompetenz verfügen.

Es ist eine effektive Methode zur selbstständigen Erarbeitung neuen Lernstoffs und unterschiedlicher, auch kontroverser Aspekte eines Themas, oder zur Wiederholung, z.B. vor einem Test.

Je nach Umfang des Stoffes und des zu bearbeitenden Materials sollten Sie für das Gruppen-Puzzle mindestens ein bis zwei Unterrichtsstunden veranschlagen.

Vorgehen:

1 | Zu einem Thema wird Material in verschiedene Teilbereiche unterteilt, die jeweils von verschiedenen Schülern bearbeitet werden.

2 | Heim-/Stammgruppen: Jede Heimgruppe (A–F) muss so viele Mitglieder umfassen, wie es Teilbereiche gibt. Bei Vierergruppen sollte das Thema also vier Teilbereiche (1–4) haben. Jeder Schüler der Heimgruppe wählt ein anderes Fachthema, in

dem er Experte werden möchte, oder er bekommt es durch Sie zugewiesen. Die Einteilung kann auch per Los erfolgen.

Vierer-Heimgruppen mit vier Teilbereichs-Themen

3 | Expertengruppen: Die Heimgruppen (A–F) lösen sich vorübergehend auf. Die Schüler treffen sich mit Gruppenmitgliedern anderer Heimgruppen, die dasselbe Fachthema (1–4) zu bearbeiten haben. Die Teilnehmer innerhalb einer der vier Experten-Gruppen arbeiten jeweils am selben Thema, um darin „Fachmann" zu werden. Meist bearbeiten sie erst alleine das Thema, tauschen sich dann mit den anderen Mitgliedern der Expertengruppe über die Inhalte aus, helfen sich beim Verständnis und bereiten Spickzettel für einen Kurz-Vortrag in ihren Heimgruppen vor.

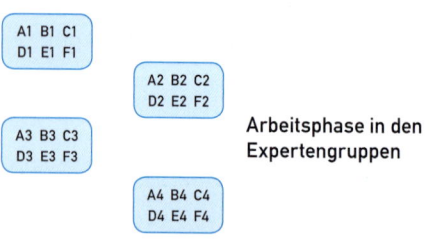

Arbeitsphase in den Expertengruppen

4 | Die so gebildeten Experten gehen dann zurück in ihre Heimgruppen und geben reihum ihre Informationen an ihre Heimgruppenmitglieder weiter. Es wird nachgefragt und diskutiert.
Die Gruppe einigt sich auf ein gemeinsames Ergebnis, das die verschiedenen Teilaspekte berücksichtigt, und visualisiert das Gruppenarbeitsergebnis, z.B. in Form eines Plakats.

Erneute Gruppenarbeitsphase in den Heimgruppen

5 | Die Gruppenergebnisse werden präsentiert, z.B. innerhalb eines „Markts der Möglichkeiten."

6 | Reflexion: Jedes Gruppenmitglied könnte sich z.B. reihum zu folgender Frage äußern:
„Wie stark hast du dich bemüht, dir Expertenwissen anzueignen und es anschließend in deiner Heimgruppe einzubringen?"

Tipps aus der Praxis:
Die Abhängigkeit der Heimgruppenmitglieder von der Mitarbeit jedes Einzelnen in der Gruppe

ist sehr hoch: Ohne die Mitarbeit jedes Einzelnen können sie nicht über alle Informationen verfügen. Jeder muss sich anstrengen.

Allerdings sollten Sie bei der Planung die Kompetenzen der einzelnen Schüler richtig einschätzen, damit jeder seinen Auftrag in der Expertengruppe auch tatsächlich erledigen kann.

Die Schüler müssen kompetent mit dem Material umgehen können, wichtige Informationen extrahieren und diese weitergeben können.

Wenn die Expertengruppen zu groß werden, kann dies kontraproduktiv für die Arbeit in diesen Gruppen sein. Dann sollten Sie die einzelnen Expertengruppen jeweils noch einmal teilen.

Literaturtipps

Gabriele Cwik, Willi Risters:
Lernen lernen von Anfang an. Band 1.
Individuelle Methoden trainieren.
Cornelsen Scriptor, 2004. ISBN 978-3-589-05082-6

Alexander Häfele:
Jeder stark im starken Team.
50 Aktionen und Spiele zur Integrationsförderung für Kinder und Jugendliche.
Verlag an der Ruhr, 2010. ISBN 978-3-8346-0561-0

Cordula Hoffmann:
Eine Klasse – ein Team!
Methoden zum kooperativen Lernen.
Verlag an der Ruhr, 2009. ISBN 978-3-8346-0594-8

*Davis W. Johnson, Roger T. Johnson,
Edythe Johnson Holubec:*
Kooperatives Lernen – Kooperative Schule.
Strategien und Praxistipps.
Verlag an der Ruhr, 2005. ISBN 978-3-8346-0021-9

Antonia Klein, Brunhilde Schmidt:
Ich – du – wir – alle!
33 Spiele für soziales Kompetenztraining.
Verlag an der Ruhr, 2010. ISBN 978-3-8346-0569-6

David Koutsoukis:
Tolerant! Engagiert! Selbstbewusst!
80 Arbeitsblätter für soziales Lernen.
Verlag an der Ruhr, 2010. ISBN 978-3-8346-0571-9

Verlag an der Ruhr

45472 Mülheim an der Ruhr | www.verlagruhr.de
Tel.: 0521/9719330 | Fax: 0521/9719137
E-Mail: bestellung@cvk.de

Es gelten die Preise auf unserer Internetseite.

Pocket-Ratgeber Schule
Antistress-Training für Lehrer
Gerlinde Böpple
Für alle Schulstufen, 88 S.,
10 x 16 cm, Paperback, zweifarbig
ISBN 978-3-8346-0693-8
Best.-Nr. 60690
7,90 € (D)/8,10 € (A)/14,50 (CHF)

Pocket-Ratgeber Schule
So läuft's rund im Referendariat
Dr. Jessica Lütge
Für alle Schulstufen, 88 S.,
10 x 16 cm, Paperback, zweifarbig
ISBN 978-3-8346-0691-4
Best.-Nr. 60691
7,90 € (D)/8,10 € (A)/14,50 (CHF)

Pocket-Ratgeber Schule
Wochenplanarbeit in der Grundschule
Alexandra Ferrary
Klasse 1–4, 88 S., 10 x 16 cm,
Paperback, zweifarbig
ISBN 978-3-8346-0693-8
Best.-Nr. 60693
7,90 € (D)/8,10 € (A)/14,50 (CHF)